Pierre Stutz

Die spirituelle Weisheit der Bäume

Für Klemens Manzl
in Dankbarkeit

Pierre Stutz

Die spirituelle *Weisheit* der Bäume

Eine Entdeckungsreise

Mit Fotografien von Andrea Göppel

Patmos Verlag

Inhalt

Bäume begleiten mich

»*Bäume leben in einem inneren Gleichgewicht. Sie teilen sich ihre Kräfte sorgfältig ein … sie gleichen Schwächen und Stärken untereinander aus*«, schreibt Peter Wohlleben in seinem Bestseller »Das geheime Leben der Bäume. Was sie fühlen, wie sie kommunizieren – die Entdeckung einer verborgenen Welt« (München 2015). Ein inspirierendes Buch, weil Bäume von Kindesbeinen an meine Begleiter sind.

Meinem Lieblingsbaum, einer Birke, habe ich alles anvertraut. Sie hat mich zum Dasein bestärkt; schützend, zuhörend, herausfordernd war sie da für mich. Als sie eines Morgens gefällt wurde, verstand ich die Welt nicht mehr, lange habe ich geweint. Ich fühlte mich nackt, ungeschützt, umhüllt von einer Verlorenheit, die meine zerbrechlichen Seiten freilegte … Seit dieser schmerzlichen Erfahrung sind Bäume auch meine spirituellen Begleiter.

Ich bin mit ihnen in einem inneren Dialog. Ich schaue sie nicht nur an und spreche mit ihnen, sondern ich lasse mich von ihnen an-sehen und sie sprechen mir tiefe Lebensweisheiten zu. Seit vielen Jahren ermutigen sie mich, meinen ureigenen Weg zu gehen. Sie erlauben mir, unvollkommen zu sein, kraftvoll und verletzlich.

Die Texte dieses Buches sind im Austausch mit den Bäumen entstanden. Sie erzählen von der göttlichen Lebenskraft, die alles beseelt.

Lausanne, 17. Januar 2017 — Pierre Stutz

Lebensfreude

Meine Lebensfreude voll ausschöpfen
vielfältiges Wachstum fördern
das auch andere befreit
zu einer anstiftenden Kreativität

Meine Lebensfreude ganz genießen
im Annehmen der Unausgeglichenheit
die zu jedem Wachstum gehört
das immer unvollkommen bleibt

Meine Lebensfreude herzhaft teilen
mich erinnern wie ich auch
an Begrenzungen und Verzweigungen
zu meiner Lebensaufgabe finden kann

Wurzeln

Bäume bestärken mich, mich noch tiefer im Leben zu verwurzeln. Beim Wandern bin ich immer wieder angerührt von der Vielfalt und Weitläufigkeit der Baumwurzeln. Sie ermutigen mich, meinen Standpunkt einzunehmen, in dem ich die hellen und dunklen, die leichten und schweren Seiten meines Daseins annehme und integriere.

Bäume eröffnen mir eine befreiende Lebensperspektive, sie sagen mir: »Je tiefer deine Wurzeln sind, umso mehr kannst du dich auf die Äste hinauswagen und du verlierst die Angst vor dem Fremden.« Identität ist nur lebensbejahend, wenn sie sich nicht durch Ausgrenzung entwickelt, sondern im Entdecken der Verbundenheit in der Verschiedenheit.

An der Quelle verwurzelt

Ein Leben lang dich bemühen
mit gutem Willen
jeden Morgen dich neu anstrengen
versuchen es allen recht zu machen

Ein Leben lang dich
durch Leistung definieren
um den Erwartungen
der anderen zu genügen

Es gibt eine andere Möglichkeit –
die mystische Lebensgestaltung:
das Wesentliche ist schon da
du bist an der Quelle verwurzelt
du brauchst dich nicht mehr zu beweisen
weil dein Wert aus deinem Sein entspringt

Aus dieser inneren Freiheit
schöpferisch
kämpferisch
leidenschaftlich
sein

In sich ruhen

In sich selbst ruhen
Kraft aus der Mitte ausstrahlen
im eigenen Lot sein
im Hier und Jetzt

Sich bewegen lassen
seine Entfaltungsmöglichkeiten
voll ausschöpfen
transparent sein
im Spiel mit dem Wind
Lebensfreude genießen

Aus der bergenden Kraft des Daseins
zum Ausruhen einladen
aus dem Innersten Frieden stiften
der wegweisend zur Zivilcourage bestärkt

Einmalig sein

Einmalig sein
meinen ureigenen Platz finden
meinen Standpunkt einnehmen

Original sein
nicht Kopie
mir jahrelang Zeit
zum Wachsen lassen

Jahr für Jahr
verdichten lassen
was sich in meinem Ringen
als identitätsstiftend erweist

Monat für Monat
dranbleiben
der Krone meines Reifens trauen
auch wenn es vorerst
nicht sichtbar ist

Tag für Tag
ich selbst werden
meine Kraft nicht zurücknehmen
über mich selbst hinauswachsen

Aufblühen

»Nicht durch Zwang oder Strenge wirst du die wahre Weisheit erlangen, sondern durch Hingabe und kindlichen Frohsinn«, schreibt der amerikanische Dichter Henry David Thoreau (1817–1862) in seinem Werk »Walden. Leben in den Wäldern«. Die Bäume ließen ihn die Muße zum wirklichen Leben entdecken. Eine Muße, die Kraft schenkt, Widerstand zu wagen für eine ökologische Lebensgestaltung.

Im Dialog mit den Bäumen werde ich auch zur Unvollkommenheit befreit. Lebenskraft und Zerbrechlichkeit gehören zu jedem intensiven Leben. Wer sich dem Leben in die Arme wirft, wer Hingabe wagt, der wird zum Aufblühen befreit und zur Annahme eigener Begrenztheit.

Die Mystikerin Hildegard von Bingen (1098–1179) verweist in ihrer Gesundheitslehre auf die Heilkraft der Bäume. Jene heilende Kraft, die uns einen gesunden Lebensrhythmus aufzeigt, in dem wir jeden Tag das Geschenk des Lebens auskosten können und zugleich die Verletzlichkeit und Endlichkeit des Lebens annehmen.

Bäume lehren uns im Frühjahr die Kunst des Aufblühens und im Herbst die Fähigkeit zum Loslassen. Sie erinnern mich an die göttliche Vertrauenskraft in mir, die mich zum lebenslangen Werden entlastet, damit ich über mich selbst hinauswachsen kann.

Der Mystiker Pierre Teilhard de Chardin (1881–1955) umschreibt diese spirituelle Grundhaltung mit berührenden Worten:

»Mit dem Werden eins zu sein, das ist meine Lieblingsformel geworden, die Formel meines Lebens. Es macht den Wert und das Glück des Lebens aus, in etwas Größerem aufzugehen, als man selbst ist.«

Im Fluss

Den Zugang zu meinen Ressourcen
neu finden
aufblühen
in meinem Element sein
im Fluss sein
meine Lebenssäfte fließen lassen

Aus dem Vollen schöpfen
den Duft der Fülle ausströmen lassen
lustvoll genießen
wie Schöpfung sich ereignet

Räume des heilenden Mitseins schaffen
in denen andere aufatmen
Blockierungen sich lösen
Energien neu fließen

Welch eine Wohltat
das Aufblühen
eines Mitmenschen
miterleben zu können

Vielfältig sein

Zu meiner ganzen Lebenskraft stehen
mich nicht mehr länger
entschuldigen für meine Vielfalt
trotz Beschneidungen
meine Wachstumsprozesse sehen

Meinem Innersten und Verborgensten
Ausdrucksmöglichkeiten gewähren
sie in Verzweigungen
sichtbar werden lassen

Lob meiner Widersprüchlichkeit
Annahme meiner Unausgeglichenheit
Chance meiner Ausschweifungen
kraftvoll im Leben stehen

Zärtlich nah

Zärtlich berührt
einander Zuwendung schenken
ohne den Freiraum zum Wachsen
zu verlieren

Zärtlich nah
einander Geborgenheit erfahren lassen
im Genießen der erotischen Kraft
der Freundschaft

Zärtlich aufgerichtet
einander Weite eröffnen
zum Sinn des Lebens bewegt:
wirklich lieben können

Zärtlich verwurzelt
einander in Verschiedenheit ergänzen
zum schöpferischen Mitsein
angestiftet

Gemeinsame Ausrichtung

Verbündete finden
Menschen
die auch an das Unmögliche glauben
die ihre tiefe Vision gemeinsam verwirklichen

Sich ausrichten
auf ein verbindendes Ziel
wo der Zusammenhalt
in der Verschiedenheit kultiviert wird

Neue Wege eröffnen
die Geborgenheit und Freiheit schaffen

Sich nicht aufhalten lassen
von Sachzwangen und Selbstzweifeln
all-täglich die kluge Lebensweisheit verinnerlichen:
der Weg ist das Ziel

Wachsen und reifen

Im achtsamen Berühren und Umarmen der Bäume erfahre ich, wie erfülltes Leben sich in »*wachsenden Ringen*« (Rainer Maria Rilke) ereignet. Kraftvolles Wachstum und verwundetes Reifen sind ganz nahe beieinander, wie dies in den Jahresringen der Bäume sichtbar wird.

Bäume werden mir zum Sinn-Bild von Auf-richtigkeit. Sie stehen zu ihrem Dasein, fordern einen gesunden Abstand zum nächsten Baum ein, um sich entfalten können. Sie lassen sich all-täglich von innen her aufrichten, damit sie auch an den Stürmen des Lebens reifen können.

Im erfolgreichen Dokumentarfilm »Das Geheimnis der Bäume – erzählt von Bruno Ganz« (2013) von Luc Jacquet kann ich staunend im tropischen Regenwald tausendjährigen Bäumen begegnen. Sie leben in ganz anderen Zeitdimensionen und ich spüre Trauer und Wut, wenn in wenigen Minuten ein Jahrhundertwerk gefällt wird. Klug und originell werde ich in diesem Film mitgenommen auf eine Reise durch die Evolutionsgeschichte. Leidenschaftlich werde ich herausgefordert, mich noch mehr für den Schutz der Bäume ein- und auszusetzen. In der bewegten Ruhe der Bäume liegen die Wurzeln unseres Seins.

Ich umarme einen Baum

Ich stehe mit beiden Füßen fest auf dem Boden.

Ich begrüße einen Baum
und danke ihm für sein Dasein.

Ich atme tief ein- und aus,
meine Knie sind nicht durchgestreckt,
damit mein Atem fließen kann.

Ich umarme einen Baum,
schaue mit offenen Augen himmelwärts.

Ich umarme einen Baum,
schaue mit geschlossenen Augen herzwärts.

Ich betaste ihn, damit ich be-greifen kann,
wie Kraftvolles und Verwundetes
zu einem Leben in Fülle gehören.

Ich verweile im Augen-blick,
lasse mich vom Baum berühren,
von seiner Lebensweisheit,
und ich danke ihm für sein Mitsein.

An Verwundungen wachsen

Ganz tief innen verwundet sein
getroffen in der Mitte meiner Existenz
unsagbare Leere
Schmerz der Verunsicherung
Tränen der Wut
Schreie der Empörung

Ganz tief innen
in meinem Leid
auch dem weltweiten Leiden begegnen

Leid anschauen
Leid aushalten
Leid verwandeln

Behutsam die Arme öffnen
Kelch und Kreuz sein

Jahre danach erahnen:
es heilt nur
wer selber verwundet ist

Zerbrechlich

Jedem Menschen
Zerbrechlichkeit zugestehen
in belastenden Zeiten erst recht

Räume des Vertrauens schaffen
um sich im Augenblick des Falls
stützen zu lassen

Meine Verletzlichkeit
nicht mehr überspielen
um ganz Mensch zu sein

Kraftorte

Schutzraum
brauchst du
Momente des Innehaltens
mitten im Alltag

Rückzugsplätze
brauchen wir
Momente des Auftankens
um Gedanken und Gefühlen gerecht zu werden
mitten im Tag

Kraftorte
brauchst du
Momente der gegenseitigen Stärkung
damit du der Gerechtigkeit
eine neue Chance geben kannst

Durch-blick

Durch-blick
wünschc ich dir
in Zeiten des Nebels und der Unklarheit
die Augen schließen
den inneren Zusammenhalt neu erfahren

Durch-blick
wünsche ich dir
in Zeiten des Chaos und der Heimatlosigkeit
im tiefen Durch-atmen die Wurzeln spüren
die unsichtbar Halt geben

Durch-blick
wünsche ich dir
in Zeiten der Ohnmacht und Destruktivität
boden-ständiger sein
einstehen für gewaltfreien Widerstand

Durch-blick
sei dir geschenkt
damit auch du für viele
ein Friedensbaum bist

Gemeinsam

»El Olivo – Der Olivenbaum« (2016) heißt die spannende Sozialkomödie der spanischen Regisseurin Icíar Bollaín. Die zwanzigjährige Alma kämpft wild-humorvoll für einen jahrhundertealten Olivenbaum, den ihre Eltern in der Finanzkrise an ein deutsches Unternehmen verkauft haben. Nicht nur ihre Trauer ist riesig, sondern auch jene ihres Großvaters, der die Welt nicht mehr versteht. Die Enkelin Alma verspricht ihrem Opa, bis nach Düsseldorf zu fahren, um den Lieblingsbaum ihrer Kindheit wieder nach Spanien zurückzubringen. Herzhaft lachen und weinen kann ich in diesem berührenden Spielfilm. Der Olivenbaum wird zum Symbol, das Generationen verbindet und uns herausfordert, noch mehr Sorge zu tragen zu unseren tiefen Wurzeln.

Jeder spirituelle Weg führt zur Bewahrung der Schöpfung. Bäume bestärken uns zu einem solidarischen Handeln, in dem wir einander Halt im Widerstand geben. Je mehr ich eintauche in das Geschenk des verbindenden Lebensatem Gottes, umso mehr bin gerufen, mich auch mit den Bäumen zu solidarisieren. Beten heißt für mich auch, regelmäßig Protestbriefe und -mails zu senden, die die Organisation »Rettet den Regenwald« vorbereitet.

Meine Lebensaufgabe besteht darin, liebend-segnend unterwegs zu sein. Ein glaubwürdiger Segen bestärkt uns, uns für Klimaschutz und für die Förderung der öffentlichen Verkehrsmittel einzusetzen. Erde und Himmel segnend zu verbinden, führt zu einem ökologischen Handeln, damit Menschen, Tiere, Pflanzen, die ganze Schöpfung eine gesunde Luft einatmen können.

Weggefährten

Sich begleiten lassen
in Durststrecken
erfahren wie Gehaltensein
zur Hoffnung bewegen kann

Sich unterstützen lassen
in Umbruchsituationen
erleben wie Gekrümmtsein
zum Leben gehören darf

Sich ermutigen lassen
in Angstzuständen
entdecken wie tief verwurzelt
die eigene Lebenskraft ist

Aus der Tiefe schöpfen

Mich verwurzeln
in der Tiefe der Hoffnung
grund-legend erfahren
wie ich zur Lebendigkeit
gerufen bin

Mich verwurzeln
in der Tiefe der Liebe
sinnstiftend erleben
wie meine Beziehungskraft
geheimnisvoll wächst

Mich verwurzeln
in der Tiefe des Glaubens
vertrauensvoll erkennen
wie mein Urgrund des Lebens
mich mit allem verbindet

Die Fotografin
Andrea Göppel

Andrea Göppel ist nach der Ausbildung zur Fotografenmeisterin seit 2009 als freiberufliche Fotografin tätig. Ihre Philosophie: »Augenblicke des Lebens, Stimmungen der Natur, kaum bemerkte Details sichtbar werden zu lassen«. Ziel ihrer Fotoarbeit ist es, »Augenblicke vom Heute als Begleiter fürs Morgen« festzuhalten.

Andrea Göppel ist Fotografin, Porträtfotografin und Buchgestalterin. In Zusammenarbeit mit renommierten Verlagen und namhaften Autoren verleiht sie spirituellen Texten und geistlichen Impulsen durch ihre Fotografien eine eigene Tiefendimension.

www.andreagoeppel.de

Der Autor
Pierre Stutz

Pierre Stutz ist einer der bekanntesten spirituellen Lehrer und Autoren unserer Zeit. Schreiben ist für ihn ein »feu sacré«, ein inneres Feuer. Seine Inspiration zieht er aus seinem persönlichen Hoffen und Ringen in der Gottessuche. Kraft bei dieser Suche geben ihm christliche Mystik und die biblischen Texte, Erfahrungen mit der Schöpfung und Begegnungen mit Filmen. Seine Grundüberzeugung: Spiritualität ist dazu da, zu befreien und nicht einzuengen.

Pierre Stutz arbeitete als Jugendseelsorger und gestaltete zusammen mit Gleichgesinnten die Abbaye de Fontaine-André als »offenes Kloster«, eine Gemeinschaft von Frauen und Männern, auch verheirateten, die miteinander Spiritualität im Alltag suchen und leben. Im Sommer 2002 legte er sein Priesteramt nieder, seit 2003 ist er mit seinem Lebensgefährten zusammen.

Heute ist Pierre Stutz im ganzen deutschsprachigen Raum gefragter Referent, geistlicher Begleiter und spiritueller Autor. Seine über vierzig Bücher haben eine Auflage von mehr als einer Million Exemplaren und wurden in sechs Sprachen übersetzt.

www.pierrestutz.ch

Das Thema »Weisheit der Bäume« hat Pierre Stutz zeitlebens begleitet und auch als Autor inspiriert. 2004 veröffentlichte er »Baum-Zeichen« (Stuttgart), 2010 »Halte Ausschau nach den Bäumen« (Eschbach). Im vorliegenden Buch stellt er seine Gedanken zu Bäumen in gereifter und aktualisierter Form vor.

Für die Verlagsgruppe Patmos ist Nachhaltigkeit ein wichtiger Maßstab ihres Handelns. Wir achten daher auf den Einsatz umweltschonender Ressourcen und Materialien.

3. Auflage 2022

Verlagsgruppe Patmos in der Schwabenverlag AG, Ostfildern
www.patmos.de

Gesamtgestaltung: www.andreagoeppel.de
Fotografien: © 2017 Andrea Göppel, Augsburg
Druck: PNB Print Ltd, Silakrogs
Hergestellt in Lettland
ISBN 978-3-8436-0875-6